D1667337

Scambio ①

Ausgabe A
Unterrichtswerk für Italienisch

Lösungen zum Arbeitsheft

C.C.Buchner

Ingresso

1. und 3.

Folgende Begriffe lassen sich finden, die teils angepasst, teils unangepasst aus dem Italienischen im Deutschen übernommen wurden. (Die dritte Spalte zeigt die Lösung für E1 3.)

Bild	Im Deutschen	Im Italienischen	E1 3.
A	Piano	pianoforte	pianoforte a coda
B	Spaghetti		spaghetti
C	Tagliatelle		tagliatelle
D	Pantomime	pantomima	scena
E	Maske	maschera	maschera
F	Gelato (aus Eisdielen)	gelato	gelato
G	Espresso Biscotti	espresso/caffè	caffè biscotti
H	Gnocchi		gnocchi
I	Pinocchio	Pinocchio	Pinocchio
L	Latte macchiato		Latte macchiato
M	Cappuccino		cappuccino
N	Cello Geige/Violine	violoncello violino	violoncello violino
O	Forte		musica
P	Lasagne		lasagne

2.

Folgende Tabelle zeigt, zu welchen Lauten die Wörter zugeordnet werden können.

[k]	[tʃ]	[g]	[dʒ]	[sk]	[ʃ]	[ʎ]	[ɲ]
musica	cappuccino	spaghetti	gelato	maschera	scena	tagliatelle	lasagne
Pinocchio	violoncello						gnocchi
(latte) macchiato							
caffè							
biscotti							
cappuccino							
gnocchi							
(pianoforte a) coda							

Individuelle Ergebnisse.

E 3 *Individuelle Ergebnisse.*
Lösungsvorschläge:

[k]	la Calabria (regione)
[tʃ]	Cesena (città)
[g]	Gubbio (città)
[dʒ]	Genova (città)
[sk]	la Toscana (regione)
[ʃ]	Brescia (città)
[ʎ]	la Puglia (regione)
[ɲ]	l'Emilia Romagna (regione)

E 4 **1.**

Pronuncia della consonante come in tedesco Ausprache des Konsonanten wie im Deutschen	Pronuncia della consonante diversa dal tedesco Ausprache des Konsonanten anders als im Deutschen
bello, i<u>l,</u> <u>m</u>ondo, in<u>s</u>ieme, <u>t</u>e, impossibi<u>l</u>e, <u>d</u>a, sem<u>p</u>re, <u>f</u>are, guar<u>d</u>are, mi<u>ll</u>e	*che,* <u>s</u>embra, <u>c</u>ome, <u>c</u>iò, <u>v</u>edo, rina<u>sc</u>ere, ri<u>sch</u>iavo, *(alle unter dieser Tabelle gelisteten Wörter)*

2.

come – crollerei – scivolando – invece – piccoli – componendoli – ciò – c'è – che – guardare – rischiavo – cose – regalarti – gesto – giusto – lasciare – ogni – giorno – migliore – insegnandomi – semplicità – grande – rinascere

3.
Jedes Beispiel wird nur einmal hier aufgeführt.

[k]	*come,* questa, questo, neanche, crollerei, qui, piccoli, compondendoli, che, come, cose, cosa, con
[tʃ]	*invece,* ciò, c'è, semplicità
[g]	*grande,* guardare, regalarti
[dʒ]	*gesto,* giusto, giorno
[sk]	*rischiavo*
[ʃ]	*scivolando,* lasciare, rinascere
[ʎ]	*migliore*
[ɲ]	*ogni,* insegnandomi

E 5 *Kontrolle in der Klasse mit der Fachlehrkraft und anhand der beiliegenden CD.*

Lezione 1 A

E1 numero <u>3</u>   numero <u>4</u>   numero <u>1</u>   numero <u>2</u>

E2 **1.**

Individuelle Ergebnisse, hier zwei Lösungsvorschläge für A (Singular) und C (Plural).

A Paola: Ciao! Come ti chiami?
   Tobia: Ciao, mi chiamo Tobia.
   Paola: Ciao Tobia! Di dove sei?
   Tobia: Sono di Genova.
         E tu, come ti chiami?
   Paola: Mi chiamo Paola.
   Tobia: Di dove sei?
   Paola: Sono di Firenze.

C Tommaso e Pasquale: Ciao! Come vi chiamate?
   Giulia e Sara: Ciao, ci chiamiamo Giulia e Sara.
   Tommaso e Pasquale: Ciao Giulia e Sara.
                Di dove siete?
   Giulia e Sara: Siamo di Lecce.
                E voi, come vi chiamate?
   Tommaso e Pasquale: Ci chiamiamo Tommaso e Pasquale.
   Giulia e Sara: Di dove siete?
   Tommaso e Pasquale: Siamo di Roma.

2.

Individuelle Ergebnisse. Kontrolle in der Klasse mit der Fachlehrkraft.

E3 **1.**

2.

A (linkes Bild) Luciano ha due lattine di coca cola per Simona e Sandro. Max guarda.
B (rechtes Bild) Max sta bene. Il ragazzo si chiama Luciano, come il cantante, Pavarotti.

3.

Individuelle Ergebnisse. Kontrolle in der Klasse mit der Fachlehrkraft.

E4 **1.**

Max: di – siete
Sandro: è – io sono – in – a
Max: Sei – anche

Sandro: Sì
Simona: sono
Sandro: Siamo
Max: Che

2.

Simona:	Ecco – Dov'	Max:	grazie
Luciano:	anche	Luciano:	Anch'
Luciano:	Come	Max.	come

E5 **1.**

Individuelle Ergebnisse. Lösungsvorschlag:

Max:　　　Ciao! Come ti chiami?
Alessandra: Ciao, mi chiamo Alessandra e tu?
Max:　　　Mi chiamo Max. Di dove sei?
Alessandra: Sono di Urbino, ma adesso abito a Rimini.
　　　　　E tu? Sei tedesco?
Max:　　　Sì, sono tedesco.
Alessandra: Parli bene italiano, complimenti.
Max:　　　Grazie.
Alessandra: Io parlo anche il tedesco …

2.

Individuelle Ergebnisse. Lösungsvorschlag:

Queste sono Cristina e Elena.
Sono di Barcelona, in Spagna, ma adesso abitano a Bergamo.
Cristina e Elena parlano italiano, spagnolo e tedesco.

E6 *Individuelle Ergebnisse. Lösungsvorschläge:*

Lella: E questo? Che cos'è?	Lella: E questo? Che cos'è?
Max: Questo è un cane.	Max: Questo è un nonno.
Lella: E queste? Che cosa sono?	Lella: E questi? Che cosa sono?
Max: Queste sono due case.	Max: Questi sono due gelati.
Lella: E questa? Che cos'è?	Lella: E questo? Che cos'è?
Max: Questa è una famiglia.	Max: Questo è un gatto.
Lella: E queste? Che cosa sono?	Lella: E queste? Che cosa sono?
Max: Queste sono due biciclette.	Max: Queste sono due macchine.

E7

Informazioni	👧	♂	♀
Si chiamano …	*Franca Rubini*	Paolo Rubini	I-R-E-N-E S-M-I-T-H
Sono di …	Verona	Verona	Liverpool
Hanno … anni	10	32 trentadue	20
Parlano …	italiano	italiano, inglese tedesco	inglese italiano

E8　*Individuelle Ergebnisse. Lösungsvorschläge:*

Simona e Sandro studiano a Venezia.
Luciano abita a Venezia.
Di dov'è Max?
Chi paga la coca cola?
Max è tedesco.

I cani di Sandro e Simona si chiamano
　Bonzo e Fifi.
Quali lingue parla Sandro?
Quanti anni ha Max? Max ha 14 anni.
Simona cerca la borsa.
Tu continui con le frasi.

E9　Max è <u>tedesco</u>. Simona è <u>italiana</u>, ma Sandro è <u>svizzero</u>. Gli Yorkshire Bonzo e Fifi sono <u>carini</u>. Bonzo, il cane, e la borsa di Simona sono <u>neri</u>. La borsa è anche <u>grande</u>. Per Sandro la matematica è <u>interessante</u>, ma anche le lingue sono <u>interessanti</u>. Sandro e Simona sono di Venezia. Venezia è <u>famosa</u> e <u>interessante</u>.

Lezione 1 B

E1　Max: Parlate tedesco?
Max: Parlate inglese?
Max: Allora, parliamo in inglese!
Max: Vi chiamate Schiatti di cognome?
Max: Stai bene?
Max: Avete un cane?
Max: È carino?

E2　Max: Sì, ho molti amici a Colonia.
Max: No, non frequentano tutti il liceo.
Max: No, non parlano tutti italiano.
Max: Non, non siamo tutti tedeschi.
Max: Sì, sono carine.
Max: No, non sono tutte belle.
Max: No, non abitano tutti a Colonia.

E3　Bild 1: Mi chiamo Angelo, signori! Piacere! In quanti siete? Siete in <u>undici</u>?
　　　　Ecco, signori, <u>dieci</u> t-shirt e una t-shirt è gratis.
　　Bild 2: Mi chiamo Angelo, signori! Piacere! In quanti siete? Siete in <u>otto</u>?
　　　　Ecco, signori, <u>sette</u> t-shirt e una t-shirt è gratis.
　　Bild 3: Mi chiamo Angelo, signori! Piacere! In quanti siete? Siete in <u>quattro</u>?
　　　　Ecco, signori, <u>tre</u> t-shirt e una t-shirt è gratis.
　　Bild 4: Mi chiamo Angelo, signori! Piacere! In quanti siete? Siete in <u>cinque</u>?
　　　　Ecco, signori, <u>quattro</u> t-shirt e una t-shirt è gratis.
　　Bild 5: Mi chiamo Angelo, signori! Piacere! In quanti siete? Siete in <u>sei</u>?
　　　　Ecco, signori, <u>cinque</u> t-shirt e una t-shirt è gratis.
　　Bild 6: Mi chiamo Angelo, signori! Piacere! In quanti siete? Siete in <u>tre</u>?
　　　　Ecco, signori, <u>due</u> t-shirt e una t-shirt è gratis.

E4 **1.**

cool
bene
male
così così
innamorato
normale
aggressivo
triste
stanco
felice
fantastico

2.

Individuelle Ergebnisse. Lösungsvorschläge:
– Come stai? – Sto bene. Oggi sono innamorato e felice.
– Come stai? – Sto così così. Oggi sono aggressivo.
– Come stai? – Sto male. Oggi sono triste.

E5 **1.**

la casa; i figli; l'amico; la sera; il/la francese; il giro; i ragazzi; i modelli; la valigia;
la signora; lo studente; la famiglia; la madre; la lingua, la t-shirt; gli architetti;
le cugine; la zia; l'auto; la moglie; i signori; la pasta; la signorina; la macchina;
lo zaino; i treni; l'avventura.

2.

la casa – le case ; i figli – il figlio; l'amico – gli amici; la sera – le sere; il/la
francese – i/le francesi; il giro – i giri; i ragazzi – il ragazzo; i modelli – il modello;
la valigia – le valigie; la signora – le signore; lo studente – gli studenti; la famiglia
le famiglie; la madre – le madri; la lingua – le lingue, la t-shirt – le t-shirt;
gli architetti – l'architetto; le cugine – la cugina; la zia – le zie; l'auto – le auto;
la moglie – le mogli; i signori – il signore; la pasta – le paste; la signorina –
le signorine; la macchina – le macchine; lo zaino – gli zaini; i treni – il treno;
l'avventura – le avventure

3.

tutta la casa; tutti i figli; –; tutta la sera; –; tutto il giro; tutti i ragazzi; tutti i modelli;
tutta la valigia; –; –; tutta la famiglia; –; tutta la lingua, tutta la t–shirt; tutti gli
architetti; tutte le cugine; –; tutta l'auto; –; tutti i signori; tutta la pasta; –; tutta
la macchina; tutto lo zaino; tutt i treni; tutta l'avventura

E6 **1.**

Carlotta: No, non si chiama – si chiama
Max: mamma – non si chiama
Carlotta: la signora Bianchi
Max: fratello
Carlotta: non ha un fratello – si chiama

2.

Individuelle Ergebnisse. Kontrolle in der Klasse mit der Fachlehrkraft.
Lösungsvorschläge:

a. Ho un fratello maggiore. Si chiama Claudio.
   Ho una sorella minore. Si chiama Pamela.
   Sono figlio/a unico/a

b. Abito a Napoli e mi piace la pizza.
   Abito a Costanza e non mi piacciono le patatine fritte.

c. Il mio migliore amico si chiama Gennaro.
   La mia compagna di banco si chiama Sara.

E7

Carlotta
Nome: Schiatti Carlotta
Nome utente: CaRo
E-mail: CarlS@libero.it
Lingua: italiano
Professione: studente
   (Liceo Vittoria Colonna)
Status: single

Laura
Nome: Zecchi Laura
Nome utente: LauZe
E-mail:LaZZZe@alice.it
Lingua: italiano
Professione: studente
   (Liceo Leonardo da Vinci)
Status: single

E8

Individuelle Ergebnisse. Kontrolle in der Klasse mit der Fachlehrkraft.
Lösungsvorschläge.

Carlotta: Ecco il profilo. Incredibile, non ama il calcio/non gioca a calcio.
Laura: Ma guarda qui, ama il basket e lo streetball/gioca a basket e streetball.

E9

1.

1. Mi chiamo Federico Moccia. Sono di Roma. Abito a Rosello. Sono scrittore, sceneggiatore, regista e sindaco. Sono italiano. Parlo italiano e francese. Non parlo tedesco e inglese.
2. Mi chiamo Roberto Saviano. Sono di Napoli. Non abito a Roma. Sono giornalista e scrittore. Sono italiano. Parlo italiano e inglese.
3. Mi chiamo Michelle Hunziker. Sono di Sorengo. Abito a Roma. Sono una fotomodella e presentatrice. Sono svizzera. Parlo italiano, inglese, tedesco, francese e olandese.
4. Mi chiamo Laura Pausini. Sono di Faenza. Abito a Bologna. Sono una cantautrice. Sono italiana. Parlo italiano, portoghese, spagnolo e inglese. Non parlo francese.

2.
A3; B1, C4, D2

3.
Individuelle Ergebnisse. Kontrolle in der Klasse mit der Fachlehrkraft.

Lezione 2 A

E1   Arriviamo – guarda – È – ci sono – si chiamano – domanda – Giochiamo? – pensano

E2

Domande di partner A	Risposte di partner B
Di chi è l'asciugamano?	L'asciugamano è di Carlotta.
Di chi è lo stereo?	Lo stereo è di Carlotta.
Di chi sono i DVD?	I DVD sono di Giuliano.
Di chi è il cellulare?	Il cellulare è di Carlotta.
Di chi è la borsa?	La borsa è di Anna Maria.
Di chi sono i giochi?	I giochi sono di Simone.

Domande di partner B	Risposte di partner A
Di chi è la valigia?	La valigia è di Carlotta.
Di chi è il libro?	Il libro è di Paolo.
Di chi è la bottiglia di coca?	La bottiglia di coca è di Giuliano.
Di chi è la macchina fotografica?	La machina fotografica è di Anna Maria.
Di chi è lo zaino?	Lo zaino è di Carlotta.
Di chi è il CD?	Il CD è di Franca.

E3   il nostro – la mia – i miei – le mie – i miei – le sue – i suoi – i miei – il loro – i loro

E4   Anna Maria: uno
Max: lo – un
Anna Maria: gli – gli – i
Max: I
Max: un'
Anna Maria: una
Max: le
Anna Maria: un
Max: il – uno – il
Anna Maria: uno
Max: lo
Max: i

E5   **1.**

	piace/piacciono	non piace/non piacciono
A Anna Maria	il pesce, la frutta, le banane, le mele, pasta con verdure o un po' di formaggio e prosciutto con pane e un'insalata. Dopo cena un caffè.	l'acqua gassata e le arance.
A Carlotta	la carne, le verdure, i peperoni. A scuola un panino al prosciutto con un po' di frutta. Coca o acqua minerale naturale.	olive, formaggio e melone.

2.

sprudelnd	gut	weiß	schwarz
gassato	buono	bianco	nero
kostenlos	englisch	deutsch	lang
gratis	inglese	tedesco	lungo
groß	wichtig	bevorzugt	perfekt
grande	importante	preferito	perfetto
natürlich	sauber	italienisch	römisch
naturale	pulito	italiano	romano
neu	fantastisch	rot	französisch
nuovo	fantastico	rosso	francese
normal	teuer	interessant	zu viel
normale	caro	interessante	troppo
berühmt	österreichisch	schön	klein
famoso	austriaco	bello	piccolo

N	U	O	V	O	X	B	K	E	A	M	P	H	B	R	M	I	O	S	D	A
A	W	R	E	T	I	J	I	D	C	Z	U	S	G	R	A	N	D	E	L	R
T	N	K	C	R	T	P	V	A	P	O	L	J	G	R	A	T	I	S	P	Z
U	C	Q	D	O	A	R	N	C	N	P	I	W	R	V	Y	E	T	A	I	F
R	J	A	Q	P	L	E	V	U	R	C	T	W	V	O	V	R	C	U	O	L
A	T	J	R	P	I	F	B	U	O	N	O	V	H	U	S	E	H	S	C	P
L	U	N	G	O	A	E	E	I	M	W	Q	E	G	B	D	S	N	T	C	I
E	F	H	L	D	N	R	L	N	A	K	J	F	A	M	O	S	O	R	O	C
J	Y	F	P	M	O	I	L	I	N	G	L	E	S	E	Z	A	R	I	L	C
P	E	R	F	E	T	T	O	T	O	S	Q	K	S	G	P	N	M	A	R	O
T	E	D	E	S	C	O	G	T	X	N	K	F	A	W	H	T	A	C	P	L
V	Z	J	H	P	I	M	P	O	R	T	A	N	T	E	C	E	L	O	Z	O
Q	W	K	Y	F	A	N	T	A	S	T	I	C	O	M	K	N	E	R	O	W
P	G	F	R	A	N	C	E	S	E	J	C	L	Y	V	D	M	Q	J	K	N

E6   **1.**

Domanda 1
N° <u>2</u> pranzo
N° <u>4</u> cena
N° <u>1</u> colazione
N° <u>3</u> merenda

Domanda 2
Una <u>merenda</u>.

Domanda 3
Gli italiani fanno spesso colazione al <u>bar</u>. Bevono un <u>cappuccino</u> o un <u>latte macchiato/</u>
<u>caffellatte</u> e mangiano un <u>cornetto</u> o un <u>bombolone</u>.
A casa molti italiani mangiano i <u>biscotti</u> per colazione.

Domanda 4

1 un dolce 2 un primo piatto 3 un'insalata

Domanda 5

Il menù italiano. Che cosa mangi prima?

N° 1 antipasto

N° 2 primo piatto

N° 3 secondo piatto

N° 4 formaggio

N° 5 dolce

N° 6 frutta

N° 7 caffè

2.

Individuelle Ergebnisse. Kontrolle in der Klasse mit der Fachlehrkraft.
Lösungsvorschlag:

Per colazione io mangio pane con burro e formaggio.

Bevo un tè.

Per pranzo mangio un panino con formaggio o con salame e cetrioli.
Bevo un succo di mela con l'acqua gassata, si chiama *Apfelschorle*.

Per cena mangio una cotoletta con un po' di insalata di patate.
Bevo acqua gassata.

Lezione 2 B

E1 *Individuelle Ergebnisse.*
Lösungsvorschlag:
Fabrizio dà il suo nuovo gioco a Max.
Io do il mio indirizzo e-mail a Fabrizio.
Fabrizio e Simone danno il loro libro d'inglese a Loredana.
Noi diamo il nostro indirizzo a Carlotta.
Loredana dà un bacio a Giuliano.
Voi date i vostri DVD a Paola.
Tu dai il tuo nickname a Simone.

E2 Giuliano: E anche tu, Max fai molto sport?
Max: Sì, faccio molto sport.
Giuliano: Che cosa fate tu e i tuoi amici tedeschi?
Max: Lukas, Christian ed io facciamo spesso un giro in centro o andiamo
        al cinema.
Giuliano: State bene insieme?
Max: Sto molto bene con loro.
Giuliano: I tuoi amici sanno parlare l'italiano?
Max: Lukas ed io sappiamo parlare l'italiano perché studiamo tre lingue.
Giuliano: Ma perché i ragazzi non arrivano? Scusa, mi dai il tuo cellulare?
Max: Certo, ti do il mio cellulare.

E3 *Individuelle Ergebnisse. Kontrolle in der Klasse mit der Fachlehrkraft.*
Lösungsvorschlag:
1. – Ma tu, sei nuovo/a, vero? – <u>Sì, sono nuovo/a.</u>
2. – Dove abiti? – <u>Abito a Casalecchio.</u>
3. – Come si chiama la tua scuola? – <u>Si chiama Liceo Scientifico Leonardo da Vinci.</u>
4. – Che cosa fai nel tuo tempo libero? – <u>Gioco a tennis e esco con gli amici.</u>
5. – Mi dai il tuo numero di cellulare? – <u>Sì, certo!</u>

E4 ☐ I ragazzi si chiamano Stefano e Giorgio.
☒ I ragazzi si chiamano Stefano e Franco.
☐ La scuola comincia domani.
☐ Il cinema piace a Stefano e Franco.
☒ Il cinema piace solo a Stefano.
☒ I videogiochi piacciono solo a Franco.
☐ A Stefano non piace il gelato.
☐ I ragazzi vanno nella gelateria "Giolitti" perché amano il gelato.

E5 – Come ti chiami? – Mi chiamo Max.
– Quanti anni hai? – 13 anni.
– Di dove sei? – Di Colonia.
– Come stai? – Sto bene.
– Sei Giuliano, vero? – No, sono Max.
– Come si chiama la tua amica? – Si chiama Luisa.
– Ti piacciono i videogiochi? – Sì, mi piacciono molto.
– Quali lingue parli? – L'inglese e l'italiano.
– Ami la pizza? – Sì, e amo anche la pasta.
– Hai fame? – Sì, ho fame.
– Ti chiami Francesca? – No, io mi chiamo Laura.
– Ti piace Roma? – Sì, è molto bella.

Lezione 3 – Ingresso

E1 *Individuelle Ergebnisse. Kontrolle in der Klasse mit der Fachlehrkraft.*
Lösungsvorschläge:

Giuliano, Simone e Fabrizio hanno due ore di scienze naturali e chimica;
io ho tre ore di scienze naturali e chimica.
Giuliano, Simone e Fabrizio hanno quattro ore di italiano; io invece ho cinque
ore di italiano.
Giuliano, Simone e Fabrizio hanno due ore di fisica e anch'io ho due ore di fisica.
Giuliano, Simone e Fabrizio hanno due ore di educazione fisica; anch'io ho due
ore di educazione fisica.
Giuliano, Simone e Fabrizio hanno tre ore di latino; io invece ho quattro ore di latino.

Lezione 3 A

E1

numero <u>5</u>
Giuliano: fermata
Giuliano: bar

numero <u>2</u>
Il sig. Rossi: anche – diventare
Giuliano: prendere
Il sig. Rossi: madre

numero <u>1</u>
Giuliano: biglietti
Il sig. Rossi: oggi
Giuliano: favore

numero <u>4</u>
Giuliano: lontana – monumenti

numero <u>3</u>
Giuliano: calma – nostro

E2

Individuelle Ergebnisse. Kontrolle in der Klasse mit der Fachlehrkraft.
Lösungsvorschläge:

C Circo Massimo	S Saluto
I Isola Tiberina	T Tornare
C Cappella Sistina	A Avventura
E EUR	Z Zaino
R Rione	I Interrail
O Ostia	O Organizzazione
N Nomentana	N Nostalgia
E Esquilino	E Energia

E3

1. Vero
2. Falso: Sta così così.
3. Vero
4. Falso: Preferisce dormire la mattina.
5. Falso: Simone soffre quando c'è scuola.
6. Vero
7. Falso: Gli studenti non capiscono perché la scuola comincia così presto la mattina.
8. Vero
9. Falso: Giuliano prende solo un cappuccino e una pasta.
10. Vero
11. Falso: Fabrizio beve un tè.
12. Falso: Max prende un caffellatte e un cornetto.
13. Sandro prepara per Max, Giuliano, Simone e Fabrizio:

caffè	*cappuccino*	*caffellatte*	*tè*	*coca*	*cornetto*	*crostatina*
1x	*1x*	*1x*	*1x*	–	*1x*	*1x*

E4

Allora sei tedes<u>co</u>? A Roma ci sono molt<u>i</u> tedes<u>chi</u>! E molt<u>i</u> ingles<u>i</u> e american<u>i</u>.
Bevono il tè per colazione, e il cappuccin<u>o</u>. Noi barist<u>i</u> non parliamo tedes<u>co</u>.
Parliamo ingles<u>e</u> con i turisti. Parliamo di Roma e anche di altre citt<u>à</u>, come Firenze,
Bologna o Venezia. È interessant<u>e</u> parlare con i turist<u>i</u>! Arrivano qui in tram o
in bus o anche in metropolitan<u>a</u> per il Colosseo e sono qui da noi per la colazion<u>e</u>.
Ma colazion<u>i</u> grand<u>i</u>! Bevono due cappuccin<u>i</u>, due tè o anche tre caff<u>è</u> e mangiano
due cornett<u>i</u> o crostatin<u>e</u>. E tu, che prendi?

E5

	vero	falso	l'info manca
1.	☐	☒	☐
2.	☐	☒	☐
3.	☐	☒	☐
4.	☐	☐	☒
5.	☐	☐	☒
6.	☒	☐	☐
7.	☒	☐	☐

Di che cosa parla Sandro con i ragazzi?
<u>scuola</u>, <u>professori</u>, <u>problemi</u>

La colazione al bar di Sandro:

	bevono	mangiano
i ragazzi	caffellatte	cornetti con la nutella/crema
i bidelli e i prof italiani	caffè	pasta
i prof tedeschi	cappuccino	pasta
i prof inglesi	tè	–

Sandro dice che con <u>i prof inglesi</u> non parla italiano, i prof <u>tedeschi</u> sono simpatici.
Conoscono bene <u>l'Italia</u>, fanno <u>lo scontrino</u> prima e mangiano e bevono <u>molto</u>.

E6 *Individuelle Ergebnisse. Kontrolle in der Klasse mit der Fachlehrkraft.*
Lösungsvorschläge:
preferire als Herz
dormire als Sprechblase mit „Zzzz"
offrire als smiley
finire als Stoppschild

E7 *Individuelle Ergebnisse. Kontrolle in der Klasse mit der Fachlehrkraft.*

E8 *Individuelle Ergebnisse. Kontrolle in der Klasse mit der Fachlehrkraft.*

E9 **1.**

Ho – sono – piace – piacciono – piacciono – è – ho – esco – Beviamo – usciamo

Ho – sono – Sono – piace – piacciono – Ho – usciamo – Beviamo – piacciono – Sono

– sono – piace

2.
Individuelle Ergebnisse. Kontrolle in der Klasse mit der Fachlehrkraft.
Lösungsvorschlag:
Ciao a tutti! Mi chiamo Max e sono un ragazzo tedesco.
I licei italiani non sono come i licei tedeschi. Per esempio noi andiamo a scuola fino
alle 14.45 e abbiamo due intervalli e non uno solo come in Italia. Nei licei tedeschi ci
sono spesso degli armadietti dove gli studenti possono lasciare gli zaini e i libri.
Nel mio liceo in Germania c'è anche una mensa, dove i ragazzi possono comprare
panini e bibite.

Lezione 3 B

E1
V: Franca e Tiziana parlano di Max.
F: I due sanno il nome di Max. (No. Dicono Fritz, Helmut e Franz-Ferdinand.)
F: Max è vicino a Tiziana. (Max è vicino a Simone.)
F: Tiziana dice che Max è carino. (No, Franca dice che Max è carino.)
V: Enzo chiama il bidello.
F: Simone ha l'astuccio di Sara. (Simone dice: "Non ce l'ho!")
V: Simone conosce l'astuccio di Sara.

E2 **1.**

P	M	G	A	J	P	A	S	Q	O	B	W	Y	C	E
G	E	Q	O	A	S	W	E	C	L	A	S	S	E	F
F	D	V	P	M	O	S	M	W	W	N	A	O	W	B
L	O	C	I	N	M	O	S	A	I	C	Y	P	J	I
L	A	V	A	G	N	A	N	C	T	O	I	E	C	B
X	E	E	Z	C	W	R	W	B	W	I	W	N	O	X
W	V	P	P	O	R	T	A	W	N	M	T	N	M	R
S	X	N	O	M	Z	E	X	S	E	D	I	A	P	I
M	P	W	S	P	T	P	B	B	T	Q	X	W	A	G
Q	Z	S	T	A	U	L	A	I	O	U	P	E	G	H
E	O	Q	O	G	N	I	U	A	D	M	C	P	N	E
I	W	L	N	N	M	C	Y	C	Q	E	W	C	O	L
A	L	E	S	A	S	E	M	Y	E	O	L	Z	I	L
F	A	G	E	S	S	O	Q	I	P	X	O	L	W	O
L	E	Z	I	O	N	I	S	P	U	G	N	A	O	T

2. + 3.

singolare	plurale
l'arte	le arti
l'astuccio	gli astucci
l'aula	le aule
il banco	i banchi
il bidello	i bidelli
la classe	le classi
la compagna	le compagne
il compagno	i compagni
il gesso	i gessi
la gomma	le gomme
la lavagna	le lavagne

singolare	plurale
la lezione	le lezioni
il liceo	i licei
la luce	le luci
la matita	le matite
la penna	le penne
la porta	le porte
il posto	i posti
il righello	i righelli
la sedia	le sedie
la spugna	le spugne

E3 La classe di Giuliano è una classe normale, ~~non è molto interessante.~~ Ci sono studenti ~~simpatici~~ che provocano sempre. Continuano a parlare anche quando c'è già un prof. Alcuni prof sono troppo severi e ~~molti~~ pochi prof sono bravi. ~~Non~~ Ci sono anche prof noiosi. Una prof è spesso arrabbiata: si chiama Cassati. La prof <u>non</u> ama il rumore e i ragazzi ~~non~~ devono stare zitti. Quando c'è la Cassati, tutti aprono subito i loro libri e Simone deve ~~sempre~~ descrivere <u>un'immagine</u>. Poverino! I miei prof in Germania …

Ab hier individuelle Ergebnisse; Kontrolle in der Klasse mit der Fachlehrkraft.
Lösungsvorschlag:
… sono molto carini e ci aiutano quando c'è un problema. Danno tanti compiti perché vogliono che impariamo bene le materie che studiamo. Ai nostri professori piacciono gli studenti che studiano molto per la scuola …

E4 **1.**
Anna Maria: deve – vuole – vuole – deve – vogliamo – dobbiamo

2.
Individuelle Ergebnisse. Kontrolle in der Klasse mit der Fachlehrkraft.

E5 **1.**
1. devo; 2. posso; 3. devo; 4. può – Devo; 5. sa – devo

2.
Individuelle Ergebnisse. Kontrolle in der Klasse mit der Fachlehrkraft.
Lösungsvorschlag:
- "Prof, oggi non possiamo fare i compiti perché dobbiamo giocare il torneo della scuola."
- "Non posso fare i compiti oggi pomeriggio perché devo andare dal medico."
- "Professoressa, non posso più fare i compiti perché il medico dice che ho un'allergia."

E6 1. Il posto di Franca è accanto a Giusi.
2. Aspettano il prof di fisica, si chiama Lentini.
3. Le ragazze odiano la fisica.
4. Il Lentini è bravo, giovane e carino. Gli altri prof. sono vecchi* e si arrabbiano sempre.
5. Nell'astuccio non ci sono un righello, una gomma e un temperamatite.
6. Perché dopo scuola le ragazze possono andare a fare shopping.

   * abwertend gebraucht; der übliche, neutrale Begriff wäre „anziani"

E7 *Individuelle Ergebnisse. Kontrolle in der Klasse mit der Fachlehrkraft.*

E8 *Individuelle Ergebnisse. Kontrolle in der Klasse mit der Fachlehrkraft.*

E9 Ciao, come stai? Sono Giuliano. Andiamo a mangiare una pizza insieme? Basta con questa sorella!!!

E 10 **1.**

Individuelle Ergebnisse. Kontrolle in der Klasse mit der Fachlehrkraft.
Lösungsvorschlag:

La storia mi piace moltissimo.
I miei compagni di classe mi piacciono molto.
Fare i compiti con gli amici mi piace abbastanza.

L'inglese non mi piace molto.
La preside non mi piace.
Studiare nelle vacanze non mi piace per niente.

2.

Che cosa ti piace a scuola?
Come studi le parole?
Quando studi le parole?
Chi aiuta con i compiti?
Dove sono gli altri professori?

Lezione 4 A

E 1

1. Max ⊠ conosce solo tre monumenti.	2. Max ⊠ conosce la Piramide. ⊠ conosce il Circo Massimo ed il Colosseo. ⊠ conosce solo monumenti importanti.
3. Giuliano e Max vanno prima a vedere ⊠ San Pietro.	4. I ragazzi vanno ⊠ in metropolitana. ⊠ in autobus.
5. Il Vaticano ⊠ è uno stato indipendente. ⊠ è piccolo.	6. Dopo Giuliano e Max vanno a vedere ⊠ Piazza di Spagna.
7. Max dice ⊠ "Piazza di Spagna? È famosa?"	8. Giuliano dice che ci sono sempre ⊠ tanti turisti.

Lösungswörter:
la Piazza di Spagna
la Basilica di San Pietro

E 2 **1.**
1. 53; 2. 64; 3. 40; 4. 23; 5. 70; 6. 87

2.
1. ottantuno; 2. settantacinque; 3. cinquantadue; 4. sessantuno; 5. settantuno

E3 *Individuelle Lösungen. Kontrolle in der Klasse mit der Fachlehrkraft.*
Lösungsvorschlag:

Cinzia: I biglietti sono abbastanza costosi perché è sabato sera, costano 11 euro.
Carlotta: Come 11 euro! Così tanto? No, è troppo! Perché non andiamo a mangiare una pizza?
Cinzia: Ok! Ma dove?
Carlotta: C'è una pizzeria fantastica a Trastevere, cosa ne dici?
Cinzia: Ottima idea! Ma quanto costano lì le pizze?
Carlotta: Mmm … non lo so. So solo che una pizza Margherita costa € 6,50.
Cinzia: Buon'idea … però adesso non ho tanta voglia di pizza. Che ne dici di andare a prendere un gelato?
Carlotta: Da "Giolitti"?
Cinzia: Sì, certo!
Carlotta: Va bene – che bello!
Cinzia: Bene! Andiamo!

E4   **1.**

A	B
23	ventitré
cinquantaquattro	54
65	sessantacinque
trentadue	32
86	ottantasei
settantuno	71
102	centodue
trecentonovantacinque	395
999	novecentonovantanove
quattrocentodieci	410
6 147	seimilacentoquarantasette
duemilatrecentoquattordici	2 314
32 498	trentaduemilaquattrocentonovantotto
ottantamilaottocentocinquantacinque	80 855
654 015	seicentocinquantaquattromilaquindici
duecentodiciannovemilatrecentoventisei	219 326

2.
1. Ci sono quattrocento chiese a Roma.
2. A Roma ci sono più di duemila fontane.
3. Ci sono ottomilatrentacinque fermate di autobus e tram a Roma.
4. A Roma vivono circa duecentonovantamila stranieri.
5. Circa dieci milioni cinquecentomila turisti visitano Roma all'anno.
6. Roma ha ca. due virgola sette milioni di abitanti.
7. Il Vaticano è indipendente dal millenovecentoventinove.

E5   1. Max vuole comprare una cartolina per i suoi nonni.
2. Giuliano e Max comprano il francobollo dal tabaccaio.
3. La via del Corso a Roma è la via dello shopping.
4. Nella Galleria Alberto Sordi ci sono tanti negozi.

E6   Francesco Totti (C): 1976; Gaio Giulio Cesare (D) 100 a. C.; Niccolò Ammaniti (F): 1966; Eros Ramazotti (A): 1963; Sophia Loren (B): 1934; Cesare Borgia (E): 1475

E7   Giuliano: della – sul – sull'
Dal – della – alla – della
Giuliano: del
Max: dell'
Giuliano: alla – della – nella

E8   **1.**

A: Fontana di Trevi	B: Piazza di Spagna	C: Piazza San Pietro
D: Gelateria "Giolitti"	E: Galleria Alberto Sordi	F: Musei Vaticani
G: Cupola di San Pietro	H: Edicola	I: Pantheon
L: Bocca della Verità		

2.
1. (G) Dalla cupola hai un panorama spettacolare. (San Pietro)
2. (I) Ha un buco sul tetto. (il Pantheon)
3. (A) È una delle fontane più conosciute del mondo. (Fontana di Trevi)
4. (L) Secondo la leggenda morde la mano se una persona non dice la verità.
   (la Bocca della Verità)
5. – 10.: *Individuelle Ergebnisse. Kontrolle in der Klasse mit der Fachlehrkraft.*

3.
Individuelle Ergebnisse. Kontrolle in der Klasse mit der Fachlehrkraft.
Mögliche Sehenswürdigkeiten:

Piazza Navona	La Fontana dei Quattro	Circo Massimo
Piazza del Popolo	Fiumi	Colosseo
Palazzo Madama	Campo de' Fiori	Foro Romano

E9   1. Nel settecentocinquantatré avanti Cristo nasce Roma.
2. Dal quarantanove al quarantaquattro avanti Cristo Gaio Giulio Cesare ha il potere assoluto su tutto l'Impero Romano.
3. Nel Quattrocento e nel Cinquecento dopo Cristo Michelangelo lavora a Roma.
4. L'Italia diventa una Repubblica nel millenovecentoquarantotto.
5. Nel duemilaquattordici la Germania vince i mondiali di calcio.
6. Dal duemilacinque al duemilatredici c'è un papa tedesco nel Vaticano.
7. Dal millenovecentoventinove il Vaticano è uno stato indipendente.
8. Dal duemilatré la Galleria Alberto Sordi in via del Corso porta questo nome.

Lezione 4 B

E1

1. Carlotta e Giuliano	☒ non possono fare la spesa.	A
2. La farmacia è	☒ in via Banca.	S
3. Il negozio di generi alimentari	☒ offre prodotti biologici.	E
4. Al mercato nuovo Max	☒ deve andare dal fruttivendolo.	P
5. Anna Maria	☒ scrive una lista con cose da comprare.	S

Das Lösungswort lautet von unten nach oben gelesen: SPESA.

E2 *Individuelle Ergebnisse. Kontrolle in der Klasse mit der Fachlehrkraft.*
Lösungsvorschläge:

Soluzione A:

1. A. Dove si trova la pasta fresca?
   B. La pasta fresca si trova allo stand 58. Gira a sinistra e vai fino al bar. Gira a destra dopo lo stand 89. Vai diritto: lo stand 58 è sulla destra.

2. A. Dove si trova il caffè?
   B. Il caffè si trova allo stand 43. Gira a sinistra e vai diritto fino al bar. Gira a destra dopo lo stand 89. Vai diritto: lo stand 43 è sulla sinistra.

3. A. Dove si trovano gli alimenti per animali?
   B. Gli alimenti per animali si trovano allo stand 69. Gira a sinistra fino allo stand 91. Gira a destra e vai diritto. Lo stand 69 è sulla destra.

4. A. Dove si trova il bar?
   B. Il bar si trova all'angolo. Gira a sinistra e vai diritto, è vicino agli stand 89 e 75.

Soluzione B:

1. B. Dove si trovano vini e olio?
   A. Vini e olio si trovano allo stand 7. Vai sempre diritto. Lo stand si trova sulla sinistra.

2. B. Dove si trovano i libri?
   A. I libri si trovano allo stand 60. Gira a sinistra e vai fino allo stand 91. Gira a destra e vai diritto. Lo stand è sulla destra.

3. B. Dove si trova il pane?
   A. Il pane si trova allo stand 16 + 17. Vai diritto fino allo stand 35. Gira a sinistra e continua diritto. Gli stand 16 e 17 sono sulla destra.

4. B. Dove si trova il WC?
   A. Il WC si trova accanto allo stand 56. Gira a destra e vai diritto fino all'angolo. Gira a sinistra e continua diritto fino al WC.

E3 **1.**
- Per andare in farmacia <u>scendi</u> e <u>vai</u> in direzione centro città. <u>Prendi</u> la terza traversa a destra ed ecco la farmacia!
- Dalla farmacia <u>continua</u> sempre diritto e <u>gira</u> a sinistra al terzo incrocio. <u>Di'</u> al macellaio che la carne è per la signora Bianchi.
- Poi <u>passa</u> al negozio di generi alimentari e <u>cerca</u> la pasta fresca. Ma non <u>comprare</u> il pane lì!
- <u>Senti</u>, quando sei al mercato, <u>chiedi</u> al fruttivendolo che cosa c'è di fresco e <u>ascolta</u> che cosa risponde.
- <u>Fa'</u> tutto con calma. Se hai problemi, <u>domanda</u> la strada a un passante. Non <u>essere</u> timido!

2.

Individuelle Ergebnisse. Kontrolle in der Klasse mit der Fachlehrkraft.
Lösungsvorschlag:

Max: Scusi, per via Vespucci?
Passante: Vai avanti in questa direzione fino all'incrocio con via Lorenzo Ghiberti. Gira a destra e continua sempre diritto. La terza traversa è via Giovanni Branca. Attraversa la via e vai avanti in via Florio. La prima traversa a destra è via Vespucci.
Max: Tante grazie!
Passante: Di niente!

E4 **1.**

- Mondini, <u>comincia</u> a lavorare!
- Bruni, <u>sta'/stai</u> zitta!
- Schiatti, <u>non chiacchierare</u> con Marollo!
- Di Francesco, <u>prendi</u> i tuoi libri!
- La Placa, <u>fa'/fai</u> attenzione!
- Cassati, Scardaccione <u>guardate</u> la lavagna!

- Baldelli, <u>da'/dai</u> una penna a Bertoli!
- Scardaccione, <u>non dormire</u>!
- Rubini, Baldelli <u>ripetete</u> per favore!
- Mattioli, <u>ascolta</u> quello che dico!
- Franchini, <u>non scrivere</u> sul banco!
- Dastice, <u>va'/vai</u> a prendere il gesso!

2.

Individuelle Ergebnisse. Kontrolle in der Klasse mit der Fachlehrkraft.
Lösungsvorschlag:

- Non scrivere sul banco!
- Non dormire!
- Non lanciare palline di carta!
- Metti via il cellulare!

- Non chiacchierate, ma leggete il compito!
- Metti lo specchio nella borsa!

E5 **1.**

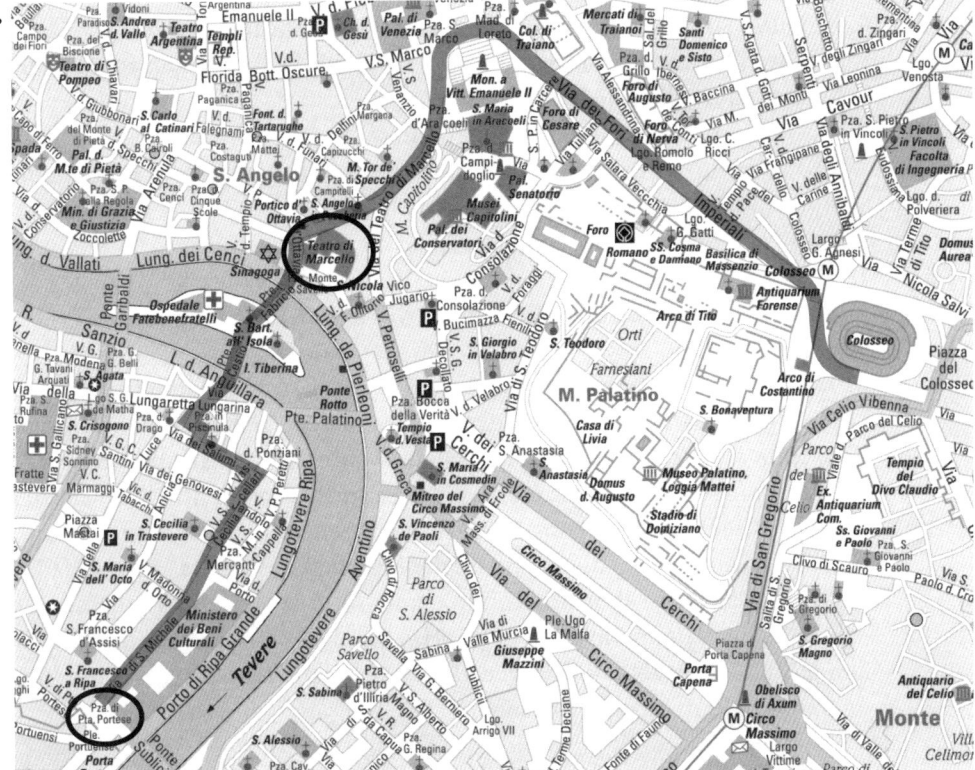

2.

Individuelle Ergebnisse. Kontrolle in der Klasse mit der Fachlehrkraft.
Lösungsvorschläge:

Partner A:

1. A: Quale strada devo prendere per andare al bar?
   B: Gira a sinistra e al primo incrocio a destra. Attraversa la piazza: il bar è sulla destra, all'angolo.
2. A: Quale strada devo prendere per andare in farmacia?
   B: Gira a sinistra e al primo incrocio a sinistra. La farmacia è sulla destra.
3. A: Quale strada devo prendere per andare in macelleria?
   B: Gira a destra e attraversa l'incrocio. Vai diritto e gira a sinistra. La macelleria è nella prima traversa a destra.
4. A: Quale strada devo prendere per andare a scuola?
   B: Vai diritto e gira a destra dopo il semaforo. Attraversa la piazza: la scuola è sulla sinistra.
5. A: Quale strada devo prendere per andare al negozio di generi alimentari?
   B: Gira a sinistra e vai diritto fino al semaforo. Gira a destra e continua diritto. Il negozio di generi alimentari è all'angolo della seconda traversa a sinistra, di fronte alla fermata dell'autobus.

Partner B:

1. B: Quale strada devo prendere per andare all'edicola?
   A: Gira a sinistra e vai sempre diritto. L'edicola è sulla sinistra dopo il secondo incrocio.
2. B: Quale strada devo prendere per andare in gelateria?
   A: Gira a sinistra e attraversa il primo incrocio. Gira a destra dopo il semaforo e prendi la prima traversa a sinistra. La gelateria è sulla destra.
3. B: Quale strada devo prendere per andare in salumeria?
   A: Gira a destra e attraversa il primo incrocio. Gira a destra e vai diritto. La salumeria è sulla destra.
4. B: Quale strada devo prendere per andare in banca?
   A: Gira a destra e attraversa il primo incrocio. La banca è all'angolo del secondo incrocio, sulla sinistra.
5. B: Quale strada devo prendere per andare al supermercato?
   A: Vai diritto e attraversa il primo incrocio. Il supermercato è all'angolo del secondo incrocio, di fronte al semaforo.

E6 **1.**

Individuelle Ergebnisse. Kontrolle in der Klasse mit der Fachlehrkraft.
Lösungsvorschlag:

La famiglia Lucini abita al primo piano a sinistra, sotto la famiglia Palermo.
La signorina Lossi abita al sesto piano a destra della Dott.essa Vani. La Dott.essa
Vani abita al sesto piano sopra la famiglia Martelli. Accanto alla famiglia Martelli
abita il Prof. De Angelis. Al quarto piano, a sinistra, abita il Dottor Cieco. Accanto
al Dottor Cieco abita il signor Manuzio e a destra abita la signora Parrino. Al
terzo piano abitano a sinistra la famiglia Marchese e a destra la famiglia Melodia.
La famiglia Palermo abita al secondo piano, sotto la famiglia Marchese. A destra
della famiglia Palermo abitano i signori Anzani e la famiglia di Cinzia. Sotto la
famiglia di Cinzia abita la famiglia Donati. Al pianterreno ci sono due negozi:
un panificio e un negozio di mobili.

2.

Individuelle Ergebnisse. Kontrolle in der Klasse mit der Fachlehrkraft.

E7 **1.**

Max sogna di visitare la terza chiesa, la quinta piazza, il nono parco, il dodicesimo luogo storico, la sedicesima fontana, il ventunesimo monumento, la cinquantaseiesima gelateria e la centesima galleria.

2.

Individuelle Ergebnisse. Kontrolle in der Klasse mit der Fachlehrkraft.

E8 **A:**

Come arrivo alla Piramide? – Prendi la linea B in direzione Laurentina e scendi alla quarta stazione.
Come arrivo alla Piazza di Spagna? – Prendi la linea A in direzione Battistini e scendi alla terza fermata.
Come arrivo alla città del Vaticano? – Prendi la linea A in direzione Battistini e scendi alla sesta fermata.
Come arrivo a Villa Borghese? – Prendi la linea A in direzione Battistini e scendi alla quinta fermata.
Come arrivo al Colosseo? – Prendi la linea B in direzione Laurentina e scendi alla seconda stazione.

B:

Come arrivo al Circo Massimo? – Prendi la linea B in direzione Laurentina e scendi alla terza stazione.
Come arrivo alla Fontana di Trevi? – Prendi la linea A in direzione Battistini e scendi alla seconda fermata.
Come arrivo alla Basilica S. Paolo? – Prendi la linea B in direzione Laurentina e scendi alla sesta stazione.
Come arrivo al Castel S. Angelo? – Prendi la linea A in direzione Battistini e scendi alla sesta fermata.
Come arrivo alla Piazza Vittorio Emanuele? – Prendi la linea A in direzione Anagnina e scendi alla prima stazione.

E9 **1.**

Individuelle Ergebnisse. Kontrolle in der Klasse mit der Fachlehrkraft.
Lösungsvorschlag:
Al primo posto della classifica hitlist Italia: classifica singoli c'è … con la canzone …, al secondo posto c'è … con … e al terzo posto c'è … con la sua canzone … .
Al primo posto della hit parade europea c'è … di …, al secondo posto c'è … con la sua ultima canzone … e al terzo posto c'è … di … .

2.

Individuelle Ergebnisse. Kontrolle in der Klasse mit der Fachlehrkraft.
Lösungsvorschlag:
Il primo singolo è …, il secondo è …, il terzo è …, il quarto è .., il quinto è .., il sesto è …, il settimo è …, l'ottavo è …, il nono è …, il decimo è … .

E 10)
Carlotta: ma/però
Cinzia: però/ma
Carlotta: Però/Ma – se
Cinzia: prima – poi/dopo – prima – poi/dopo
Carlotta: prima – se
Cinzia: poi/dopo

Lezione 5 A

E 1) **1.**

1.
2.
3.
4.

5.
6.
7.
8.

2.
1. 14.35 – Sono le due e trentacinque.
2. 17.30 – Sono le cinque e mezzo.
3. 21.55 – Sono le dieci meno cinque.
4. 15.05 – Sono le tre e cinque.
5. 10.45 – Sono le undici meno un quarto.
6. 12.00 – È mezzogiorno/mezzanotte.
7. 11.20 – Sono le undici e venti.
8. 6.40 – Sono le sette meno venti/le sei e quaranta.

- 12.15 – È mezzogiorno e un quarto. (Sono le ore dodici e quindici.)
- 14.20 – Sono le due e venti del pomeriggio. (Sono le ore quattordici e venti.)
- 16.45 – Sono le cinque meno un quarto/le quattro e tre quarti del pomeriggio.
       (Sono le ore sedici e quarantacinque.)
- 20.55 – Sono le nove meno cinque di sera. (Sono le ore venti e cinquantacinque.)
- 00.10 – È mezzanotte e dieci. (Sono le ore zero e dieci.)
- 13.00 – È l'una del pomeriggio. (Sono le ore tredici.)
- 22.35 – Sono le dieci e trentacinque di sera. (Sono le ore ventidue e trentacinque.)
- 11.05 – Sono le undici e cinque.

E 2) **1.**
Giuliano: Ti fai
Max: mi incontro
Giuliano: Ti alleni
Giuliano: mi sento
Max: riposati – ci alleniamo
Max: mi riposo

2.
Giuliano: Mi incontro
Max: Mi sento – Mi riposo
Giuliano: ti alzi – Ci divertiamo.
Max: Mi faccio – mi vesto
Giuliano: ci alleniamo

E3 Prof: Max
Giuliano: mi chiamo Max
Prof: ti chiami
Giuliano: si chiama
Prof: vi chiamate
Giuliano: Max
Prof: si chiamano

E4 **1.**

Cinzia	ore	Max
si sveglia.	alle otto	si mette gli abiti per fare sport.
si alza.	alle otto e dieci	si allena con i genitori, corrono nel parco.
si veste.	alle otto e mezzo	si fa la doccia.
si incontra con Carlotta.	alle nove meno venti	si riposa sul divano.

2.
Individuelle Ergebnisse. Kontrolle in der Klasse mit der Fachlehrkraft.

E5 **1.**
In Germania:
Alle sette e mezza mi sveglio e poi mi vesto. Alle otto meno dieci faccio colazione.
Alle nove e quindici mi alleno con i miei genitori. Alle dieci e mezza mi faccio la
doccia. Dalle undici alle dodici faccio i compiti. Alle dodici e mezza pranzo. Dalle
due alle sei mi incontro con gli amici. Alle sei e mezza ceno e dalle otto alle undici
guardo la TV, gioco al computer e ascolto la musica.
In Italia:
Alle sei mi sveglio, mi vesto e poi mi alleno. Alle sette meno un quarto mi faccio la
doccia. Alle sette prendo l'autobus per andare a scuola. Alle otto comincia la lezione.
Alle dodici finisce la scuola. All'una e mezza pranzo. Dalle tre alle quattro mi riposo.
Dalle quattro alle otto mi incontro con gli amici e alle nove ceno.

2. und 3.
Individuelle Ergebnisse. Kontrolle in der Klasse mit der Fachlehrkraft.

E6 3 – 6 – 5 – 4 – 2
(1) sempre – autobus – partita
(2) piacciono – mentre
(3) Venite – piede
(4) preparare – Figurati
(5) impegnato – quarto – riesco
(6) costante

E 7   ieri – oggi – domani – dopodomani
allora – adesso – presto – dopo
giorno – settimana – mese – anno
mattina – pomeriggio – sera – notte

E 8
gennaio	→	freddoloso
febbraio	→	spiritoso
marzo	→	pazzerello
aprile	→	mite e bello
maggio	→	sognatore
giugno	→	cantatore
luglio	→	nuotatore
agosto	→	gran signore
settembre	→	grappolaio
ottobre	→	castagnaio
novembre	→	triste e stanco
dicembre	→	tutto bianco

I mesi
Gennaio freddoloso
febbraio spiritoso
marzo pazzerello
aprile mite e bello
maggio sognatore
giugno cantatore
luglio nuotatore
agosto gran signore
settembre grappolaio
ottobre castagnaio
novembre triste e stanco
dicembre tutto bianco.

E 9   **1.**
Carlotta e Giuliano: Il nostro compleanno è in primavera. È il 4 aprile.
Fabrizio: Il mio compleanno è in piena estate. È il 15 agosto.
Simone: Il mio compleanno è in autunno. È il 13 ottobre.
Cinzia: Il mio compleanno è in inverno. È il 20 dicembre.

2.
Individuelle Ergebnisse. Kontrolle in der Klasse mit der Fachlehrkraft.

E 10   **1.**
Ciao Max, conosci bene i tuoi compagni di_ classe? Allora è facile questo quiz ;-)
Chi va pazzo per_ il calcio e ama guardare il calcio allo_ stadio? (Giuliano)
Chi è il prof severo? (il prof di matematica.)
Chi è molto costante nell'_allenamento e si allena tre volte alla_ settimana, ma non ha
tempo per_ studiare e non va a_ letto prima di_ mezzanotte? (Simone)
Chi non va a_ giocare a_ basket perché ha troppo da_ studiare? (Giuliano)
Chi non riesce ad_ alzarsi presto quando non deve andare a_ scuola? (Fabrizio)
Chi deve andare a scuola da/dal_ lunedì a/al_ sabato? Noi italiani
Chi ama correre al_ parco? Solo tu e i tuoi.

2.
Individuelle Ergebnisse. Kontrolle in der Klasse mit der Fachlehrkraft.

E 11 *Individuelle Ergebnisse. Kontrolle in der Klasse mit der Fachlehrkraft.*
Lösungsvorschlag:

Lieber Papa,
die Italiener sind sehr stolz auf ihre Nationalmannschaft, weil sie immer gegen
Deutschland gewinnt. Es stimmt, dass Deutschland eine starke Wirtschaft hat und
die Deutschen sehr rational sind und für alles eine Lösung finden. Aber Italiener sind
immer gut gelaunt und leben das Leben mit Leidenschaft, vor allem im Fußball. Darin
sind sie wirklich gut, und die Deutschen schaffen es kaum sie zu schlagen. "Trema,
Germania!" ist fast so etwas wie eine Drohung, Papa. Es soll heißen, dass sich die
deutsche Nationalmannschaft warm anziehen muss, wenn sie gegen Italien spielt.

Lezione 5 B

E 1
1. Giuliano dice: "Che cosa avete fatto ieri sera?"
2. Fabrizio è stato al bar con Marco.
3. Tiziana e la madre sono state in pizzeria.
4. Simone ⊠ ha passato il tempo seduto alla scrivania.
          ⊠ ha preparato il compito d'italiano.
          ⊠ ha finito di studiare a mezzanotte.
5. Luigi ha dormito tutto il giorno.
6. Max ha ascoltato il nuovo album dei Modà.
7. La lezione è cominciata.

E 2
1. I ragazzi parlano di <u>ieri sera</u>.
2. Fabrizio è uscito con <u>Marco.</u>
3. Il figlio della prof è <u>molto bello</u>.
4. Simone ha <u>studiato molto</u>.
5. I Modà <u>fanno musica/hanno un nuovo album</u>.
6. Alice Rohrwacher è una regista e ha (fatto) un nuovo film.
7. Tiziana vuole vedere il nuovo film con la prof e tutta la classe.

E 3 **1.**
hanno fatto – è stato – è venuto – ha fatto – Ha cominciato – ha finito – ha guardato
– è cominciato

2.
Individuelle Ergebnisse. Kontrolle in der Klasse mit der Fachlehrkraft.

3.
Individuelle Ergebnisse. Kontrolle in der Klasse mit der Fachlehrkraft.

4.
Situazione 1: Loredana ha ascoltato musica.
Situazione 2: Giuliano e Max hanno giocato al computer.
Situazione 3: Simone e Fabrizio hanno giocato a tennis.
Situazione 4: Le ragazze hanno nuotato.
Situazione 5: Sono andati al cinema.

E 4 Verticale: 1: visto; 2: fatto; 3: stato; 4: uscito; 5: finito
Orizzontale: 6: giocato; 7: conosciuto; 8: venuto

E5

A	come	andare al cinema	G	come	giocare
B	come	ballare	N	come	nuotare
C	come	cantare	S	come	saltare
D	come	divertirsi			

E6

Mi sono svegliato alle sei. Mi sono vestito e poi mi sono allenato.
Alle sette meno un quarto mi sono fatto la doccia.
Alle sette ho dovuto prendere l'autobus per andare a scuola.
Alle otto è cominciata la lezione.
A mezzogiorno è finita la scuola.
All'una e mezzo ho pranzato.
Tra le tre e le quattro mi sono riposato.
Tra le quattro e le otto mi sono incontrato con gli amici.
Alle nove ho cenato.

E7

1.

Individuelle Ergebnisse. Kontrolle in der Klasse mit der Fachlehrkraft.
Hier die Verbformen, bei denen beachtet werden muss, dass man aus Sicht von
signora Bianchi erzählt.

Mi sono svegliata …	Ho lavorato …
Mi sono alzata …	Mi sono divertita …
Mi sono vestita…	Mi sono annoiata …
Ho mangiato…	

2.

Individuelle Ergebnisse. Kontrolle in der Klasse mit der Fachlehrkraft.

E8

(Seite 62) *Individuelle Ergebnisse. Kontrolle in der Klasse mit der Fachlehrkraft.*
Lösungsvorschlag:

Caro Max,
la scorsa domenica è stata fantastica! Abbiamo fatto tante belle cose. Ci siamo
incontrati tutti con la nostra prof d'italiano, perché abbiamo guardato sei film
italiani al cinema. C'è stato il festival "Cinema! Italia!". All'inizio è stato un po'
difficile leggere il tedesco ed ascoltare l'italiano, ma dopo un po' abbiamo capito
tanto. È la prima volta che noi in Germania possiamo guardare questi film italiani.
Sono tutti film con tanto successo in Italia. I film hanno tanti temi diversi e gli
attori sono molto bravi. Ogni anno anche alcuni registi e altre persone che fanno
film vengono in Germania per questo festival.
Un caro saluto,

(Seite 78)
1. La scorsa domenica è stata fantastica.
2. Siamo andati al cinema.
3. All'inizio è stato un po' difficile guardare e leggere allo stesso tempo.
4. Alla fine è anche venuto il regista e ha parlato con noi del fim.
5. Ma ciò nonostante ci siamo divertiti.
6. Abbiamo visto un film italiano in versione originale con sottotitoli in tedesco.

Lezione 6 A

E1 *Individuelle Ergebnisse. Kontrolle in der Klasse mit der Fachlehrkraft.*
Lösungsvorschlag:

Strega comanda colore rosso! → fuoco, pizza, …
Strega comanda colore bianco! → carta, latte, …

E2 **1.**
Individuelle Ergebnisse.

2.
Individuelle Ergebnisse. Kontrolle in der Klasse mit der Fachlehrkraft.

E3 *Individuelle Ergebnisse. Kontrolle in der Klasse mit der Fachlehrkraft.*

E4 Cinzia: stranissima
Carlotta: cortissima
Cinzia: strettissima
Carlotta: bassissime
Cinzia: lunghissima
Carlotta: piccolissima

E5 Carlotta: non … né … né
Cinzia: Non … più
Carlotta: non … niente
Cinzia: non … neanche
Carlotta: non … mai

E6 **1.**
Fabrizio: A loro
Fabrizio: A me
Giuliano: A me – A te
Fabrizio: a lei
Fabrizio: a lui
Giuliano: a noi

2.
Individuelle Ergebnisse. Kontrolle in der Klasse mit der Fachlehrkraft.

E7
1. vero
2. vero
3. vero
4. falso
5. vero
6. falso

E8 *Individuelle Ergebnisse. Kontrolle in der Klasse mit der Fachlehrkraft.*

Lezione 6 B

E1

1. vero
2. vero
3. falso. Simone si occupa della musica.
4. vero
5. falso. Sara ha già una mezza idea.
6. falso. Carlo vuole fare la festa a casa sua.
7. falso. Carlo vuole fare la festa a casa sua.
8. vero
9. vero
10. falso. Fabrizio porta anche le spezie.
11. falso. Carlotta prepara la torta al cioccolato.
12. vero
13. vero
14. vero

E2

Giuliano: Chi compra il regalo per Max?
Carlotta: <u>Lo</u> compra Sara in città.
Giuliano: Dove facciamo la festa?
Carlotta: <u>La</u> facciamo a casa di Carlo.
Giuliano: Chi compra la carne?
Carlotta: <u>La</u> compra Fabrizio.
Giuliano: Chi porta le bevande?
Carlotta: <u>Le</u> porta Elisa.
Giuliano: Chi prepara la torta?
Carlotta: <u>La</u> prepariamo noi.
Giuliano: Chi scarica la musica?
Carlotta: <u>La</u> scarica Simone.
Giuliano: Chi porta le casse
Carlotta: <u>Le</u> porta Fabrizio.
Giuliano: Chi canta *Il mondo insieme a te* per Max?
Carlotta: <u>La</u> cantiamo tutti insieme!
Giuliano: Perfetto. Non abbiamo dimenticato niente.

E3

1.

1. La signora compra ⊠ quattro cosce di pollo.
2. La signora va in questa macelleria perché la carne è ⊠ freschissima.
3. La signora prende ⊠ 500 g di manzo.
4. Stasera la signora vuole preparare ⊠ il brodo.
5. Al figlio della signora piacciono ⊠ le polpette.
6. La spesa viene in tutto ⊠ 27 €.

2.

1. Compra quattro cosce di pollo, mezzo chilo di manzo, tre pezzi di carne con l'osso, tre etti di carne macinata, sei etti di salsicce.
2. Perché la carne è freschissima.
3. Vuole preparare il brodo e le polpette.
4. Paga 27 €.

E4 *Individuelle Ergebnisse. Kontrolle in der Klasse mit der Fachlehrkraft.*
Lösungsvorschläge, die Hilfe durch die Fachlehrkraft oder das Wörterbuch
mit einbeziehen:

Dal fruttivendolo:	Dal macellaio:	Dal salumiere:
verdura, frutta, banane, pesche, pomodori, ciliege, peperoni, cipolle, mele, pere, nocciole, mandorle …	carne di maiale, di vitello, costolette, fiorentine, salsiccia, manzo, petto di pollo …	affettati e salumi, formaggi, prosciutto cotto e crudo, speck, mortadella, coppa, pecorino, fontina, gorgonzola …

E5 (Seite 68)
1.
1. falso
2. vero
3. falso
4. falso
5. vero
6. vero

2.
1. Il vegetariano non mangia la carne, ma può mangiare le uova e bere il latte.
   Il vegano non mangia prodotti di origine animale.
2. Legumi, cereali, soia e verdure.

3.
Individuelle Ergebnisse. Kontrolle in der Klasse mit der Fachlehrkraft.

(Seite 79)
1.
1. Il vegetariano può mangiare le uova e il formaggio.
2. Il vegetariano non mangia la carne perché ama mangiare sano e ama gli animali.
3. Essere vegetariani o vegani è un modo di alimentarsi seguito spesso dalle donne.
4. Le alternative alla carne sono i legumi, i cereali e la soia.

(Seite 80)
2.

il vegetariano	il vegano
mangia il formaggio e beve il latte	non mangia nessun tipo di prodotto di origine animale
non mangia la carne ma mangia le uova	non mangia né la carne né le uova
è un animalista convinto	è un animalista convinto
rispetta la natura	rispetta la natura
mangia i legumi, i cereali e la soia	mangia i legumi, i cereali e la soia
mangia le verdure	mangia le verdure

E6 **1.**

Individuelle Ergebnisse. Kontrolle in der Klasse mit der Fachlehrkraft.
Lösungsvorschlag:
Girare
I nsieme
Un
Giorno
Non sarà
Oggi

2.

Individuelle Ergebnisse. Kontrolle in der Klasse mit der Fachlehrkraft.
Lösungsvorschlag:

blu
l'oceano
è bello nuotare
nel mare con te!
Amore!

E7

Liebe Mama,
Lieber Papa,
heute habe ich hier eine Art Zeugnis bekommen. Das ist natürlich auf Italienisch, darum schreibe ich Euch hier das Wichtigste auf Deutsch: Meine Lehrerin Frau Cassati ist sehr zufrieden mit meinen Fortschritten. Sie schreibt, dass ich viele enge Freundschaften geschlossen habe und dass ich mich gut in die Klasse integriert habe. Sie meint auch, dass meine Freunde hier mich schätzen und respektieren. Sie sagt auch, dass ich dem Stoff gut folgen konnte und dass ich schon ganz gut Italienisch spreche. Darum sind meine Ergebnisse auch gut ;-)
Liebe Grüße
Max